Punkt Marker

Aktivitätsbuch

GEHÖRT ZU

_____

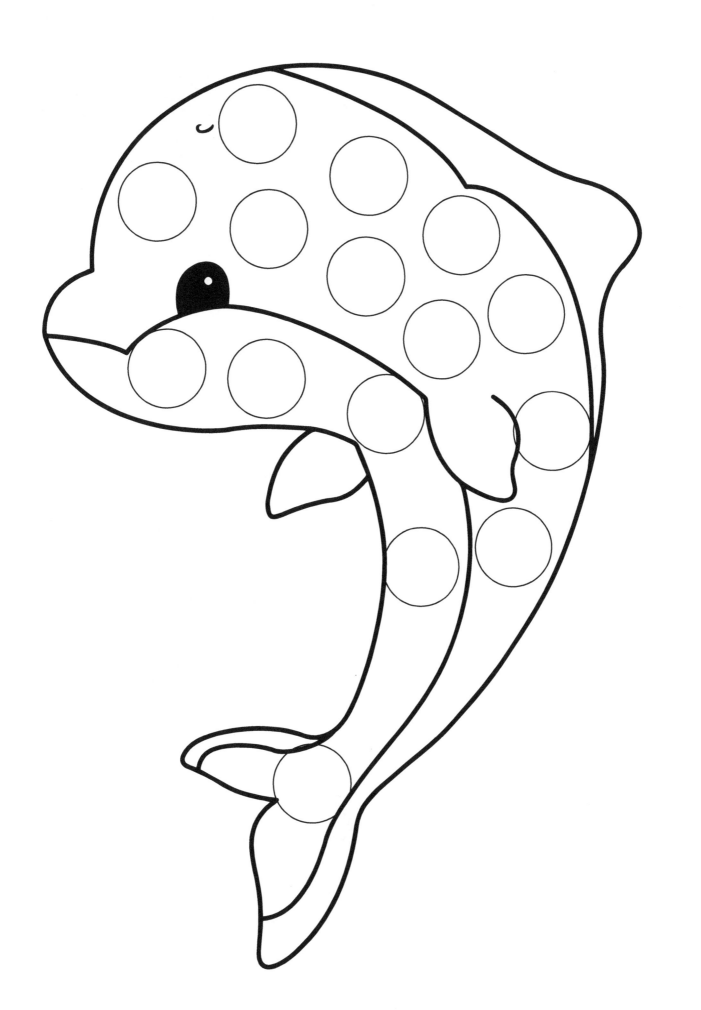

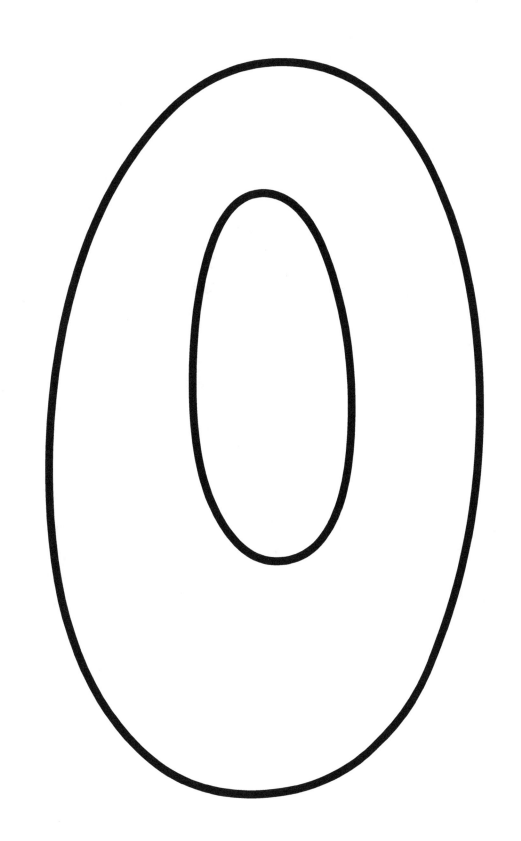

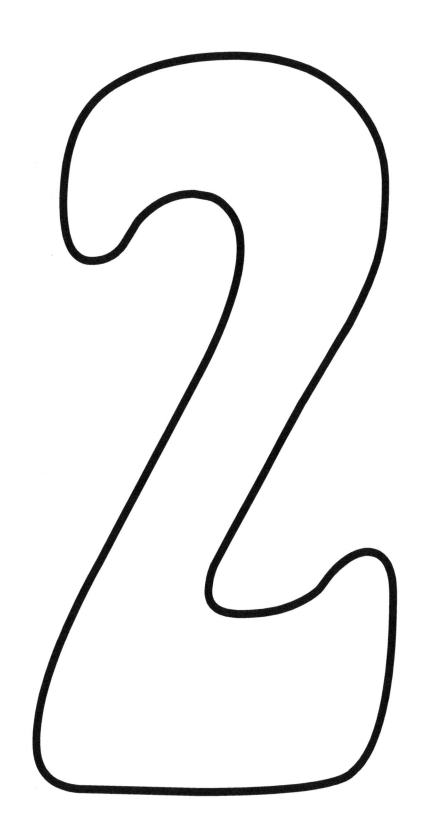

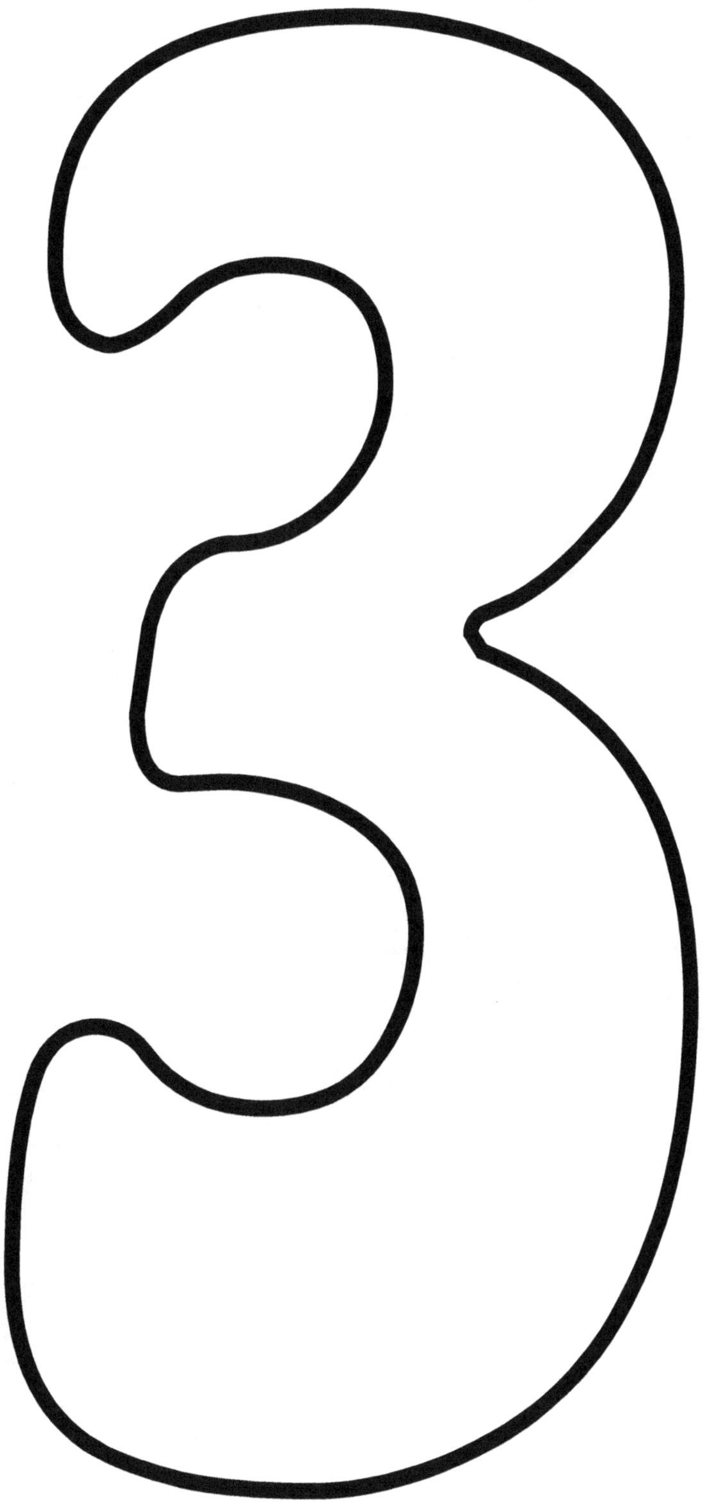

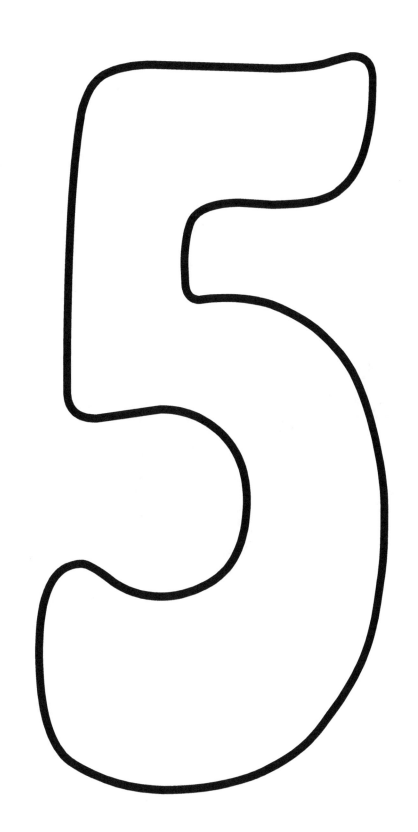

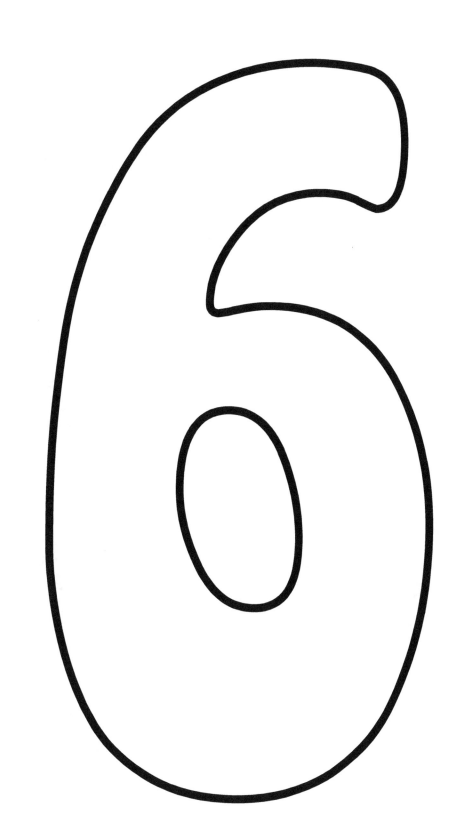

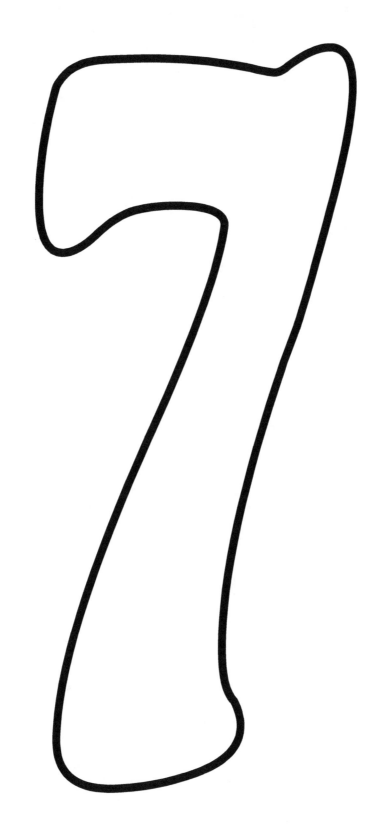

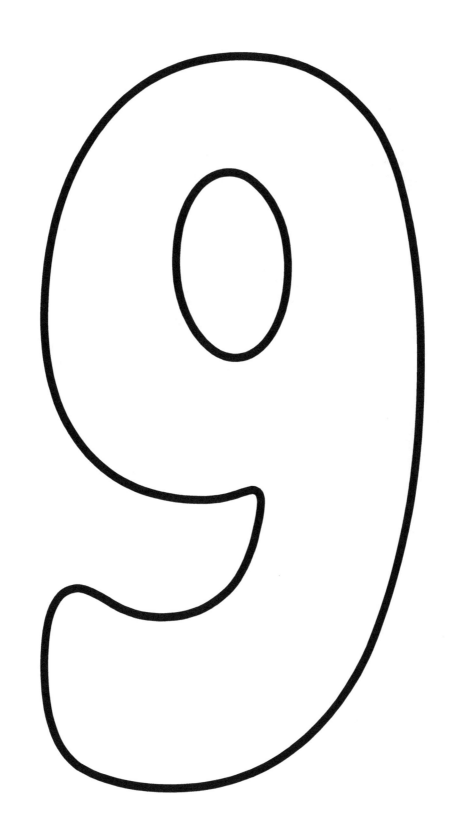

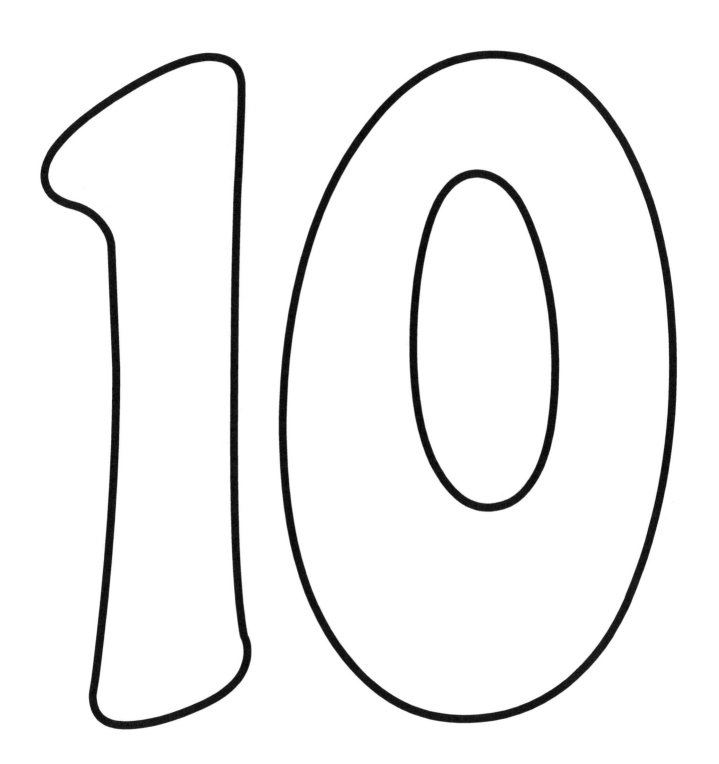

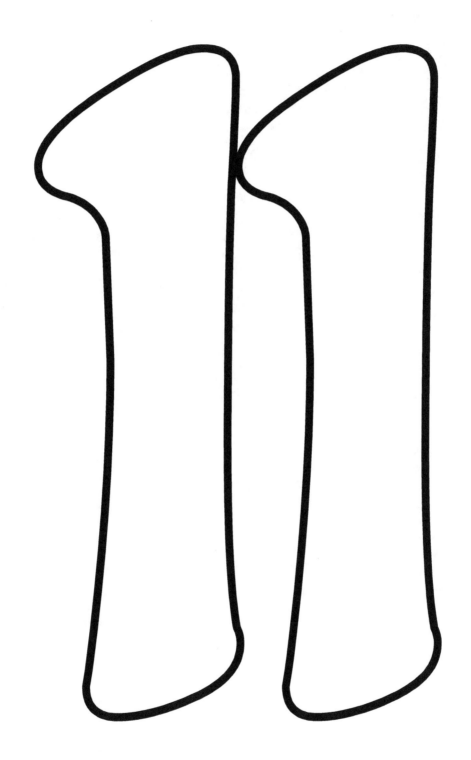

12

13

15

21

22

23

Wir danken Ihnen,

Wir hoffen, dass Ihnen unser Buch gefallen hat.

Als kleines Familienunternehmen ist es unser Ziel, weiterhin Top-Produkte zu einem guten Preis anzubieten.

Bitte lassen Sie uns wissen, wie Ihnen unser Buch gefällt unter:

 fuzzharriete@gmail.com